I0154609

Georges COURTELINE

Claude TERRASSE

16=Y5
167
(1)

Sigismond

Fantaisie en un acte avec Chœurs

PANTHÉON-COURCELLES
Fantaisie en un acte

Livrets de Georges COURTELINE
MUSIQUE de
Claude TERRASSE

Prix :
50 centimes

PARIS
F. JUVE
ÉDITEUR

Pour paraître prochainement :

Rosalie

Comédie en un acte

de

Max MAUREY

N° 2 des **BONNES PIÈCES**
Prix : O fr. 50

SIGISMOND

FANTAISIE EN UN ACTE AVEC CHŒURS

Représentée pour la première fois sur la scène du « Tréteau de Tabarin »
(direction Fursy), le dimanche 10 février 1901.

16'4 £

(1)

SIGISMOND

Quoi?

Mme POISVERT

Mouche ton nez!

(Sigismond mouche son nez avec son bras.)

Mme POISVERT

Remonte tes bas. (Sigismond obéit.) Tu as encore marché dans la crotte, dégoûtant! (Sigismond tire son mouchoir et en essuie ses souliers.) Bon! Va t'asseoir là-bas. Il y a une place vacante. Moi, je reste ici. Il ne faut pas nous placer à côté l'un de l'autre; ça pourrait attirer l'attention de M. Fursy, et alors, adieu la surprise!...

SIGISMOND

Compris! (Il va s'asseoir à l'autre extrémité de la salle. Là :) Saleté de pétunia! Saleté de pétunia!... (A son voisin de droite.) De quoi ai-je l'air, avec ce pétunia?...

Un spectateur : M. PAUL DELMET.

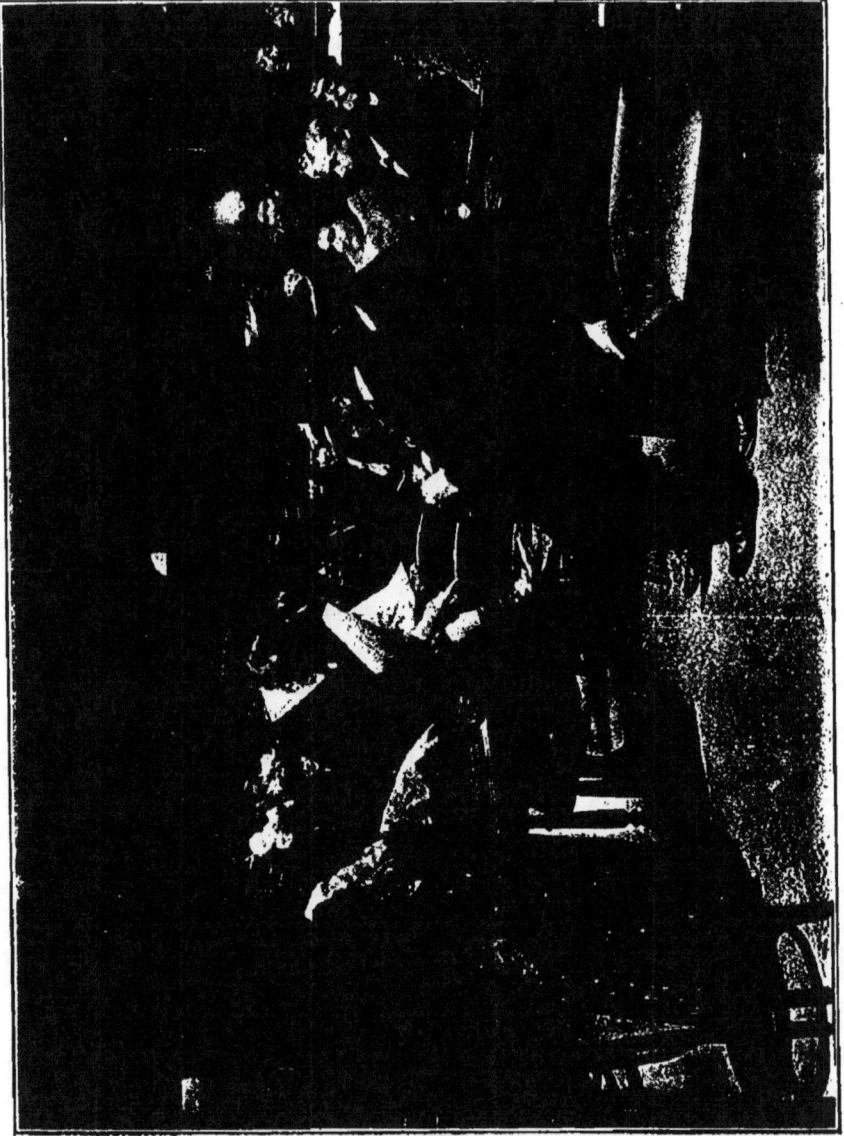

— Tu as encore marché dans la crotte, dégoûtant !

La récitante : Mlle LAUNAY.

LA RÉCITANTE

Ce jeune homme au front revêtu
D'une auréole si pudique,
Marche fièrement, tout l'indique,
Dans le sentier de la vertu.

LE CHŒUR

La candeur luit sur son front blême.

LA RÉCITANTE

Qu'il soit un exemple pour nous.

LE CHŒUR

Qu'il soit un exemple pour nous.

LA RÉCITANTE

La fleur qu'il tient sur ses genoux (*bis*),
De son âme chaste est l'emblème.

Le jeune homme au front rêveur D'une au-ré-o-le di-vi-ne

Qui marche fièrement, tout l'in- di- que

Dans le sen-tier de la vert-u

La candeur luit sur son front blê- me

Qu'il soit un exemple pour nous Qu'il soit un exemple pour nous

La fleur qui tient sur les ge- noux La fleur qui tient sur les ge-

noux De son âme chaste est l'emblê- me

SIGISMOND, à son voisin de gauche.

De quoi j'ai l'air? J'ai l'air d'un idiot ; c'est bien simple. Mon Dieu, que c'est donc assommant, quand on serait si tranquille chez soi, de venir en soirée chez Fursy !

FURSY.

Mme POISVERT

Sigismond ! Sigismond !

SIGISMOND, à son voisin.

Ça y est.

LE VOISIN

Quoi ?

SIGISMOND

V'là maman qui va m'interviewer d'un bout

Le voisin : M. SYMONDS.

Mme Poisvert : Louise France.

à l'autre de la salle. Feignons n'avoir pas entendu.

Mᵐᵉ POISVERT

Sigismond! Sigismond, mon fils!

Un spectateur : M. NORES.

LE CHŒUR

Celui dont l'invisible main
Gouverne les gens et les choses
Nous a placés comme des roses,
Vieille auguste, sur ton chemin

LA RÉCITANTE

O femme à la face élargie
De noblesse et de majesté,
Parle haut, ton âge est lesté
D'une expérience assagie.

LE CHŒUR

Parle haut, ton âge est lesté
D'une expérience assagie.

Allegro Modº.

Ce lui dont l'invisible main
Gouverne les gens et les choses nous a placés comme des roses. Vieille aiguise te sur ton chemin.

Femme à la face élargie de noblesse et de majesté. Parlant ton âge est resté. D'une expérience affligée.

Mme POISVERT

Sigismond !

SIGISMOND

J'aime bien maman, mais cré nom, qu'elle est agaçante !
quel besoin, non mais quel besoin de crier à tue-tête que
je m'appelle Sigismond ?

Mme POISVERT

Sigismond !

SIGISMOND, agacé.

Quoi ?

Un spectateur : M. ALIX.

Mme POISVERT

Le pétunia !

SIGISMOND

Le pétunia ?

Sigismond : M. MÉVISTO AÎNÉ.

Mme POISVERT

Oui, le pétunia.

SIGISMOND

Eh bien, quoi, le pétunia?

Mme POISVERT

Aies-en soin, Sigismond!

SIGISMOND

Sois donc tranquille!

Mme POISVERT

Ne l'abime pas!

SIGISMOND

N'aie donc pas peur!

Mme POISVERT

N'oublie pas que c'est une surprise et que nous devons l'offrir tout à l'heure, pour sa fête, à notre ami, M. Fursy.

SIGISMOND

Mais oui, mais oui.

Un choriste :
M. BALTHA.

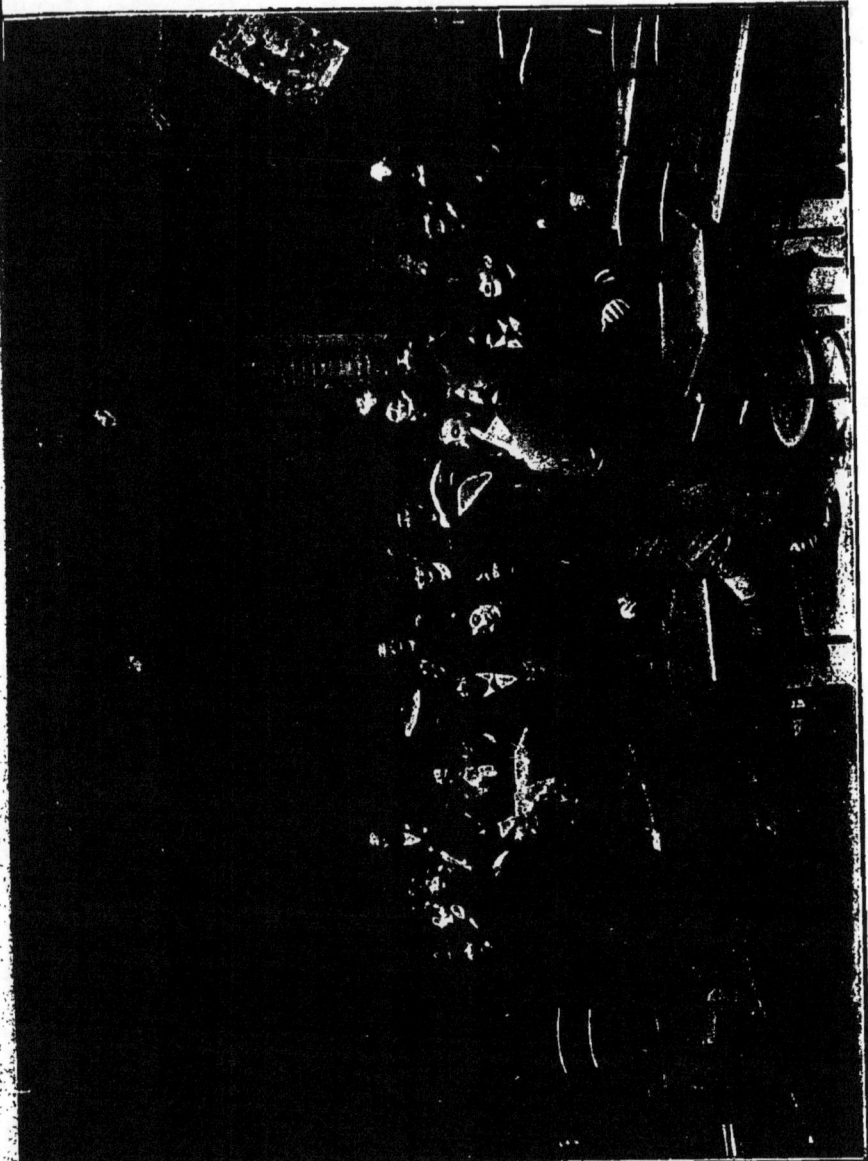

Il y a une place vacante.

LA RÉCITANTE

La délicate attention !

LE CHOEUR

Pourquoi ne l'avons-nous point eue ?...

LA RÉCITANTE

En un vers qui la perpétue,

LE CHOEUR

En un vers qui la perpétue,

LA RÉCITANTE

Exprimons notre émotion.

LE CHOEUR

Mais il suffit; sachons nous taire !
Bouches closes sur un secret,
Bornons-nous au geste discret
Qui symbolise le mystère !

LA RÉCITANTE

Le mystère.

LE CHŒUR

Le mystère.

Un spectateur : M. GUSTAVE CHARPENTIER.

Mme POISVERT

Sigismond !

SIGISMOND, à part.

Ça recommence !

Mme POISVERT

Sigismond !

Un spectateur : M. B. MILLANVOYE.

Le public écoutant le chœur.

Un spectateur : M. H. MONTEUX.

SIGISMOND

Et après ?

Mme POISVERT

Fais une risette à ta mère !

SIGISMOND

Une autre fois.

Mme POISVERT

Pourquoi une autre fois ?

SIGISMOND

Parce que !

Mme POISVERT

Parce que quoi ?

SIGISMOND

Parce qu'il y a du monde.

Le voisin : M. SYMONDS.

Mme POISVERT

Ça ne fait rien. (Frappée d'un soupçon.) Ah ça, Sigismond, aurais-tu honte d'avoir de la tendresse pour moi?... Va, il n'est pas de plus beau spectacle, que celui d'une mère et d'un fils unis par les liens de l'affection la plus étroite. Fais-moi une risette, Sigismond !

Un spectateur : M. MAUREY.

Un choriste :
M. MONTOYA.

SIGISMOND

Voilà !

(Il sourit.)

Mme POISVERT

C'est ça. — Envoie-moi un bécot.

SIGISMOND

Chez nous!

Mme POISVERT

Non, ici.

SIGISMOND

Non!

Mme POISVERT

Si!

SIGISMOND

Non!

Mme POISVERT, fondant en larmes.

Sigismond, tu ne m'aimes plus!

SIGISMOND

Mais si!

Mme POISVERT

Bien vrai?

SIGISMOND

Puisque je te le dis?

Exaspération légitime de Sigismond.

Mme POISVERT

Alors, fais-moi encore une petite risette !

(La mère et le fils se sourient.)

LE CHOEUR

Le riant, l'aimable tableau !...
Qu'il a de douceurs et de charmes !

LA RÉCITANTE

N'arracherait-il pas des larmes
Aux rochers de Fontainebleau ? *(bis)*

LE CHOEUR

Fils cent fois tendre,

LA RÉCITANTE

Mère heureuse,
L'un de l'autre à ce point épris,

LE CHOEUR

Vous évoquez en nos esprits
L'Heureuse Famille de Greuze.

Mme POISVERT

Sigismond !

SIGISMOND, douloureux.

« Je voudrais être assis à l'ombre des forêts. »

Mme POISVERT

Sigismond !

SIGISMOND

Quoi?

Mme POISVERT

Tu vois ce monsieur?

SIGISMOND

Quel monsieur?

Mme POISVERT

Le petit réjoui, là-bas, qui res-semble à un Japonais...

SIGISMOND

Eh bien?

Mme POISVERT

Un choriste : M. HYSPA.   C'est M. Hyspa.

SIGISMOND

Je m'en fous !

Mme POISVERT

Tout à l'heure, je demanderai à M. Fursy de te mettre en rapport avec lui. Tu lui parleras littérature, ça l'inté-ressera. Tiens, au fait, si tu lui lisais la pièce de vers que tu as composée l'autre jour pour l'anniversaire de ton oncle, dont ta tante a dit comme ça, que tu avais des dispositions. Hein, Sigismond, tu la lui liras, dis, ta pièce ?

SIGISMOND

Ah ! non !

Un spectateur : M. JULES LÉVY.

Mme POISVERT

Pourquoi ?

SIGISMOND

Je me la rappelle plus

Mme POISVERT

Je te la soufflerai. Ça commence comme ça... Heu..
     Avec quelle impatience attendais-je le jour
     Où je pourrais enfin t'exprimer mon amour...

Le voisin tendant sa carte.

Acceptez, de grâce !

SIGISMOND

Ah ! non ! Voyons ?... Je t'en prie, maman !

Mme POISVERT

Sigismond, il faudra te lier avec M. Hyspa, avec
M. Montoya et avec M. Paul Delmet. Dans la vie, il faut
se faire des relations, ou alors on ne connaît personne.
Aide-toi, le ciel t'aidera ! La fin justifie les moyens ! Il
vaut mieux faire envie que pitié.

LA RÉCITANTE

Tel, sous l'azur des ciels limpides
Que parcourt le vol des ramiers,
Avril voit les fleurs des pommiers
S'écrouler en neiges rapides ;

LE CHŒUR

Tel nous voyons, émerveillés,
Couler à torrents des lumières,

LA RÉCITANTE

Il pleut des vérités premières

LE CHŒUR

Tendons nos rouges tabliers.

(Un temps. — Sigismond commence à se rassurer. Mais brusquement) :

Un choriste : M. MEUSY.

Mme POISVERT, à tue-têt.

Sigismond !

SIGISMOND, désespéré.

Quoi ?

Mme POISVERT

Est-ce que tu as pensé à changer de chaussettes?
(Du coup, Sigismond en a assez. Il se lève, et posant son pétunia en pot
sur les genoux de son voisin.)

Courons, amis, courons...

SIGISMOND

C'en est trop! Acceptez, de grâce,
Ce pot de fleurs qui m'embarrasse
Quant à moi, j'en ai plein le dos;
Je fuis par l'express de Bordeaux.

(Il se dirige vers la porte, tandis que :)

Mme POISVERT et les SPECTATEURS

Courons, amis, courons employer toute chose
A rompre le dessein que son cœur se propose.

Panthéon-Courcelles

FANTAISIE MUSICALE EN UNE SCÈNE

Représentée pour la première fois sur la scène du « Grand Guignol »
le 2 novembre 1899.

PERSONNAGES :

Premier récitant	MM. GARBAGNI.
Deuxième récitant.	RÉMONGIN.
Premier voyageur (le Cuirassier).	Séverin MARS.
Deuxième voyageur.	FRANÇOIS.
Troisième voyageur (le Garçon boucher).	BAUDOIN.
Quatrième voyageur.	SUAREZ.
Première vierge.	Mlle Lola NOYR.
Deuxième vierge.	Mme Madel. GUITTY.
Le cocher.	M. PONS-ARLES.

Une impériale d'omnibus à côté d'un bec de gaz, au fond deux nuages sur lesquels se tiennent deux vierges avec une harpe et une lyre.

PANTHÉON-COURCELLES

PREMIER RÉCITANT

Qu'est-ce qu'il y a un ?

LES VIERGES

Il y a un Dieu, un seul Dieu, qui règne dans les cieux.

DEUXIÈME RÉCITANT

Oui, il n'y a qu'un Dieu, qui règne dans les cieux, mais du Panthéon à Courcelles par la ligne Courcelles-Panthéon, il y a des stations plus nombreuses que ne le furent jamais les astres en un firmament constellé.

PREMIER RÉCITANT

Des solitudes silencieuses de la place du Panthéon, l'omnibus Panthéon-Courcelles s'est mis en route pour Levallois. Au petit trot des deux coursiers qui le remorquent à leurs derrières, il dégringole la rue Soufflot, arrive au boulevard Saint-Michel... et y fait une première halte ! Halte brève, suffisante pourtant. L'omnibus Panthéon-Courcelles y a puisé de nouvelles forces. Tel un cerf, il traverse le boulevard Saint-Michel; tel une flèche, il enfile la rue de Médicis, le long de la grille du Luxembourg; et les voyageurs satisfaits, qui se voient déjà à Courcelles, se frottent les mains d'un air de jubilation. Or ils ne sont qu'à l'Odéon et l'omnibus, ô étonnement ! pleure de nouveau sur son frein et s'arrête.

DEUXIÈME RÉCITANT

Qu'est-ce qu'il y a deux?

LE CHŒUR

Du Panthéon à l'Odéon, il y a deux stations : la station du boulevard Saint-Michel, la station de la rue de Vaugirard.

LES VIERGES

Mais il n'y a qu'un Dieu, qui règne dans les cieux.

PREMIER RÉCITANT

Cependant l'omnibus Panthéon-Courcelles descend la rue de l'Odéon. Il penche sur sa droite un peu, en sorte que les voyageurs de l'impériale, à la fois inquiets et charmés, voient venir la minute prochaine, où ils seront précipités entre les bras des petites blanchisseuses de fin aperçues au passage, blondes et dépeignées, au-dessus de la couche de craie embarbouillant à mi-hauteur les vitres des blanchisseries. Entre une haie de riches chasubles où des ors se relèvent en bosse et le remous sans fin du cortège qui mène à sa demeure dernière la dépouille mortelle du professeur Piton, membre de l'Académie française et de plusieurs autres sociétés, il gagne l'église Saint-Sulpice dont le portail ouvre un large bec sur le sanglot d'un *dies iræ*, atteint le centre du parvis et s'arrête.

DEUXIÈME RÉCITANT

Qu'est-ce qu'il y a trois ?

LE CHŒUR

Du Panthéon à Saint-Sulpice il y a trois stations : la sta
tion du boulevard Saint-Michel, la station de la rue de Vaugirard, la station du parvis Saint-Sulpice.

LES VIERGES

Mais il n'y a qu'un Dieu, qui règne dans les cieux.

PREMIER RÉCITANT

Le cocher de l'omnibus Panthéon-Courcelles est un pré-
cieux automédon. Habile à l'égal d'Hippolyte en l'art de
conduire les chevaux, d'un coup de fouet il a enveloppé les
siens ; et aussitôt les nobles bêtes ont tendu leurs cuisses
d'acajou, toutes ridées de leur puissant effort. Hue ! Coupée
de ruelles étroites où bat encore le cœur du Paris d'autre-
fois, la rue du Vieux-Colombier s'offre à leur valeur indomp-
table. Ils en dévorent la chaussée sur une longueur de vingt-
cinq maisons dont treize à gauche et douze seulement à
droite, après quoi, ô douceur des repos bien gagnés, ils
s'arcboutent du sabot au pavé et s'arrêtent.

DEUXIÈME RÉCITANT

Qu'est-ce qu'il y a quatre ?

LE CHŒUR

Du Panthéon à la rue du Vieux-Colombier il y a quatre stations : la station du boulevard Saint-Michel, la station de la rue de Vaugirard, la station de la place Saint-Sulpice et la station de la Croix-Rouge.

LES VIERGES

Mais il n'y a qu'un Dieu, qui règne dans les cieux.

PREMIER RÉCITANT

L'omnibus Panthéon-Courcelles a ceci de particulier qu'il ne saurait apercevoir une rue sans s'y précipiter tête basse, un kiosque ou un urinoir sans en faire immédiatement le tour. Il est imprévu et loufoque et rappelle par certains côtés cet étonnant chemin de fer de Sceaux qui se minait le tempérament à courir après sa queue dans l'espoir de la rattraper. Par bonheur il a de l'usage, il sent qu'on n'entre pas chez les gens sans frapper et c'est ainsi qu'ayant enfin atteint le boulevard Saint-Germain, une fois encore il s'arrête. Qu'est-ce qu'il y a cinq ?

DEUXIÈME RÉCITANT

Il y a cinq stations.

PREMIER VOYAGEUR

La station du boulevard Saint-Michel.

DEUXIÈME VOYAGEUR

La station de la rue de Vaugirard.

TROISIÈME VOYAGEUR

La station de la place Saint-Sulpice.

QUATRIÈME VOYAGEUR

La station de la Croix-Rouge.

LE COCHER

Et la station de la rue du Bac.

DEUXIÈME RÉCITANT

Oui, mais comme de la rue du Bac, où il y a une station, au pont de la Concorde, où il y en a une autre, il y a au coin de la rue de Bellechasse une station intermédiaire...

LE CHŒUR

Du Panthéon au pont de la Concorde, par l'omnibus Panthéon-Courcelles,

DEUXIÈME RÉCITANT

Qu'est-ce qu'il y a sept?

LE CHŒUR

Il y a sept stations. La station du boulevard Saint-Michel, la station de la rue de Vaugirard, la station de la place Saint-Sulpice, la station de la Croix-Rouge, la station de la rue du Bac, la station de la rue Bellechasse et la station du quai d'Orsay.

LES VOYAGEURS, *à tour de rôle.*

Mais... mais... mais... mais...

LES VIERGES

Mais il n'y a qu'un Dieu, qui règne dans les cieux.

PREMIER RÉCITANT

Vert quant aux feux, vert quant aux flancs, l'omnibus Panthéon-Courcelles s'est payé le luxe d'une plate-forme, dont il dodeline par les chemins, semblable à ces vieilles rigolotes qui remuent pompeusement le derrière pour donner à entendre qu'elles ne sont pas déjà si mouche et que, mon Dieu, à l'occasion elles joueraient encore des épinettes avec un certain agrément. Mais il n'y a pas un mot de vrai. Quarante-huit fois les roues de derrière ont évolué sur elles-mêmes, soixante-trois fois celles de devant, en raison de leur diamètre moindre, et déjà au bas de l'omnibus un contrôleur est apparu, questionnant un cuirassier sur l'important point de savoir si c'est lui « qui est le militaire ». Car la fatalité a placé une station à chaque extrémité du pont de la Concorde, l'un en amont, l'autre en aval, la rivière coulant entre elles deux.

DEUXIÈME RÉCITANT

Car s'il n'y a qu'un Dieu qui règne dans les cieux, du Panthéon à la place de la Concorde il y a exactement huit stations.

PREMIÈRE VIERGE

La station du boulevard Saint-Michel.

DEUXIÈME VIERGE

La station de la rue de Vaugirard.

PREMIÈRE VIERGE

La station de la place Saint-Sulpice.

DEUXIÈME VIERGE

La station de la Croix-Rouge.

PREMIÈRE VIERGE

La station de la rue du Bac.

DEUXIÈME VIERGE

La station de la rue de Bellechasse.

PREMIÈRE VIERGE

La station du quai d'Orsay.

DEUXIÈME VIERGE

Et la station du cours la Reine.

LES VIERGES

Mais il n'y a qu'un Dieu, un seul Dieu, un seul Dieu qui règne dans les cieux.

PREMIER RÉCITANT

De même il n'y a qu'un Dieu qui règne dans les cieux, de même il n'y a qu'une station de la place de la Concorde à la place de la Madeleine; la station de la rue Royale. Seulement, de la place de la Madeleine à la place Saint-Augustin il y en a une seconde; la station du boulevard Malesherbes! A cette heure, une morne tristesse est peinte sur le visage des pauvres voyageurs. Vous avez raison, pauvres gens, laissez s'éteindre au fond de vos âmes la fleur douce, la fleur parfumée des consolantes illusions ! Et toi, fils de Mars et de Bellone, cuirassier aux mains gantées de blanc, toi qui sous l'acier qui te sied, porte un cœur à l'abri des molles défaillances, croise avec résignation tes bras sur ta large poitrine, et, entendant sous ta culotte, gémir hélas ! une fois de plus, le frein d'arrêt de l'omnibus qui te portait à tes amours, renonce à goûter les lèvres de Margot au coin du boulevard extérieur où il y a encore une station.

DEUXIÈME RÉCITANT

Car du Panthéon à Courcelles, par la ligne Courcelles-Panthéon, qu'est-ce qu'il y a onze ?

LE CHŒUR

Du Panthéon à Courcelles, par la ligne Courcelles-Panthéon, il y a onze stations : la station du boulevard Saint-Michel, la station de la rue de Vaugirard, la station de la place Saint-Sulpice, la station de la Croix-Rouge, la station de la rue du Bac, la station de la rue Bellechasse, la station du quai d'Orsay, la station du cours la Reine, la station de la rue Royale, la station du boulevard Malesherbes et la station du boulevard extérieur !

ENSEMBLE

Mais il n'y a qu'un Dieu, qui règne dans les cieux.

La partition de *Panthéon-Courcelles*, avec la musique de Claude TERRASSE, se trouve chez l'éditeur Paul DUPONT, 4, rue du Bouloi, à Paris.

Imp. PAUL DUPONT, rue du Bouloi. — Paris, 1er Arrt. 89.3.1901. (Cl.)

CHEMIN DE FER DE L'OUEST

PARIS à LONDRES

VIA ROUEN, DIEPPE ET NEWHAVEN
Par la gare Saint-Lazare

Services rapides de Jour et de Nuit
TOUS LES JOURS
(Dimanches et Fêtes compris)
ET TOUTE L'ANNÉE
Trajet de jour en 9 heures (1re et 2e cl. seulement)

GRANDE ÉCONOMIE
Billets simples, valables pendant 7 jours :
1re cl. 43 fr. 25 ; 2e cl. 32 fr. ; 3e cl. 23 fr. 25
Billets d'aller et retour, valables pendant un mois :
1re cl. 72 fr. 75 ; 2e cl. 52 fr. 75 ; 3e cl. 41 fr. 50

Départs de Paris St-Lazare ..	10h m.	9h s.
Arrivées (London-Bridge....	7h s.	7h40' m.
à {		
Londres (Victoria..........	7h s.	7h50' m.
Départs (London-Bridge....	10h m.	9h s.
de {		
Londres (Victoria..........	10h m.	8h 50' s.
Arrivées à Paris St-Lazare...	6h 55' s.	7h45' m.

Des voitures à couloir (W. C. toilette, etc.) sont mises en service dans les trains de marée de jour entre Paris et Dieppe.

Des cabines particulières sur les bateaux peuvent être réservées sur demande préalable.

La Compagnie de l'Ouest envoie franco, sur demande affranchie, des petits guides-indicateurs du service de Paris à Londres.

CHEMIN DE FER DU NORD

PARIS à LONDRES

VIA CALAIS OU BOULOGNE
Cinq services rapides quotidiens dans chaque sens

Trajet en 7h — Traversée en 1h
Tous les trains comportent des 2e classes

En outre, les trains de malle de nuit partant de Paris pour Londres et de Londres pour Paris à 9h du soir, et les trains de jour partant de Paris pour Londres à 3h 45' du soir et de Londres pour Paris à 2h 45' du soir via Boulogne-Folkestone, prennent les voyageurs munis de billets de 3e classe.

Départs de Paris :
Via Calais-Douvres : 9h, 11h 50' matin et 9h soir.
Via Boulogne-Folkestone : 10h 30' mat. et 3h 45' soir.

Départs de Londres :
Via Douvres-Calais : 9h, 11h matin et 9h soir.
Via Folkestone-Boulogne : 10h matin et 2h 45' soir.

Services officiels de la Poste (via Calais)

La gare de Paris-Nord, située au centre des affaires, est le point de départ de tous les grands express européens pour l'Angleterre, l'Allemagne, la Russie, la Belgique, la Hollande, l'Espagne, le Portugal, etc.

PHOTOGRAPHIE CAUTIN & BERGER

62, Rue Caumartin, Paris
TÉLÉPHONE 269-17

➤ HOTEL PRIVÉ ◄

THÉATRE
DU
Grand Guignol

20 *bis*, rue Chaptal

REPRÉSENTATIONS
Tous les soirs, à 9 heures

PRIX DES PLACES
Fauteuils d'orchestre ...... 5 fr. et 6 fr.
Fauteuils de balcon .... 3 fr. et 4 fr.
Baignoires et Loges ....(la place). 7 fr.
Même prix en location qu'au bureau.

Téléphone 228-34

www.ingramcontent.com/pod-product-compliance
Lightning Source LLC
LaVergne TN
LVHW052150080426
835511LV00009B/1783